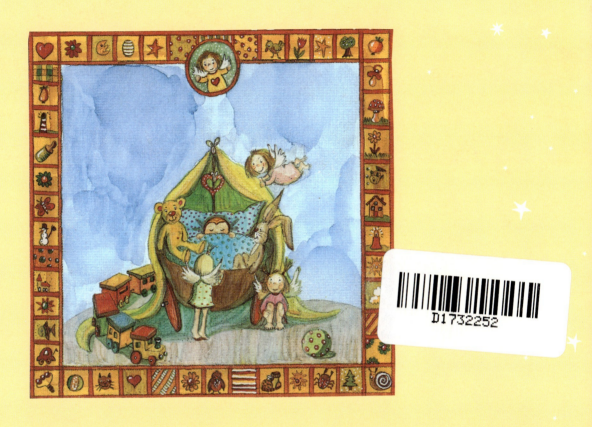

Mein Schutzengel

Babyalbum

arsEdition

Bei jedem Schritt,
bei jedem Tritt,
geh du, mein lieber Engel, mit.

Und wo ich geh
und wo ich steh,
sei du, mein Engel, in der Näh.

In der Gefahr
vor Sünd bewahr
mich holder Engel
immerdar.

Für unseren lieben Schatz ....,

einen persönlichen Schutzengel, der dich auf all

deinen Wegen begleiten und beschützen soll.

Seit dem .... wissen meine Eltern,

dass ich unterwegs bin.

An diesem Tag soll ich voraussichtlich

auf die Welt kommen ....

Alle freuen sich riesig und es gibt viel von der Schwangerschaft

meiner Mama zu berichten: ....

....

....

....

....

Hier ist Platz für ein

Ultraschallbild

Da bin ich!

Am .... wurde ich um ....

in .... geboren.

Ich war bei der Geburt .... cm groß und

habe .... Gramm gewogen.

Seit der Stunde
meiner Geburt habe ich
einen Schutzengel,
der mich von nun an
mein ganzes Leben lang
begleiten wird.

Ich heiße:

....

....

....

Mein Name bedeutet:

....

....

Mein Namenstag ist am:

....

Mein Sternzeichen:

....

Hier ist Platz für
das erste Bild von mir

Da bist du.
Sei uns willkommen.
Es steht dir nicht an
der Stirne geschrieben,
was in dieser Welt über
dich verhängt ist,
und ich weiß nicht,
wie es dir gehen wird.
Aber gottlob,
dass du da bist.

Matthias Claudius

Hier ist Platz für ein Foto
von mir und meinen Eltern

Hier aus der Zeitung
Schlagzeile
des Tages einkleben

Was geschah sonst noch am Tag meiner Geburt?

....

....

....

Am Tag meiner Geburt geschahen natürlich
auch noch andere Dinge: ....
....
....

Das Wetter:

....
....
....
....

Mamas Tagebuch von
unserem Aufenthalt im
Krankenhaus:

Dieses Bändchen habe ich
im Krankenhaus getragen:

Hier das Namensbändchen einkleben

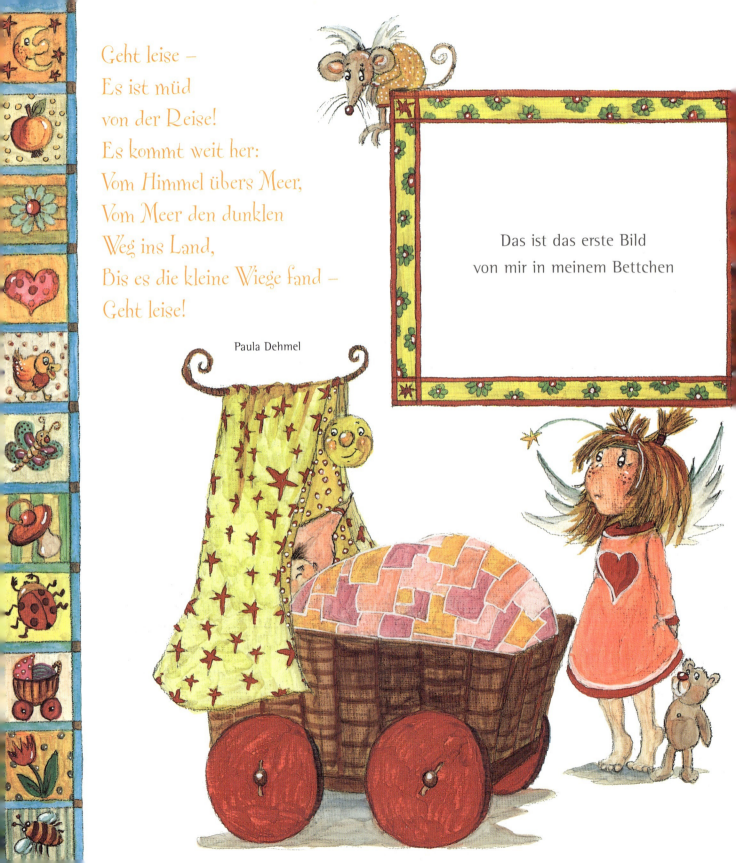

Geht leise –
Es ist müd
von der Reise!
Es kommt weit her:
Vom Himmel übers Meer,
Vom Meer den dunklen
Weg ins Land,
Bis es die kleine Wiege fand –
Geht leise!

Paula Dehmel

Das ist das erste Bild
von mir in meinem Bettchen

So verkünden meine Eltern allen Verwandten und Freunden
die freudige Nachricht meiner Geburt:

Platz zum Einkleben
der Geburtsanzeige
oder der Karte

Mein Stammbaum

Hier siehst du deine Eltern,
deine Großeltern und dich.

Und jeder hat einen Schutzengel.

Und das sind meine Geschwister, Cousinen,
Cousins, Tanten, Onkel ...

Und über jedem wacht ein Schutzengel.

Auch meine Eltern waren einmal klein.

Dies ist meine Mutter

mit .... Jahren.

Ihr Schutzengel passt immer
gut auf sie auf.

Sie wohnte damals

in ....

Dies ist mein Vater mit .... Jahren.

Er wohnte damals in ....

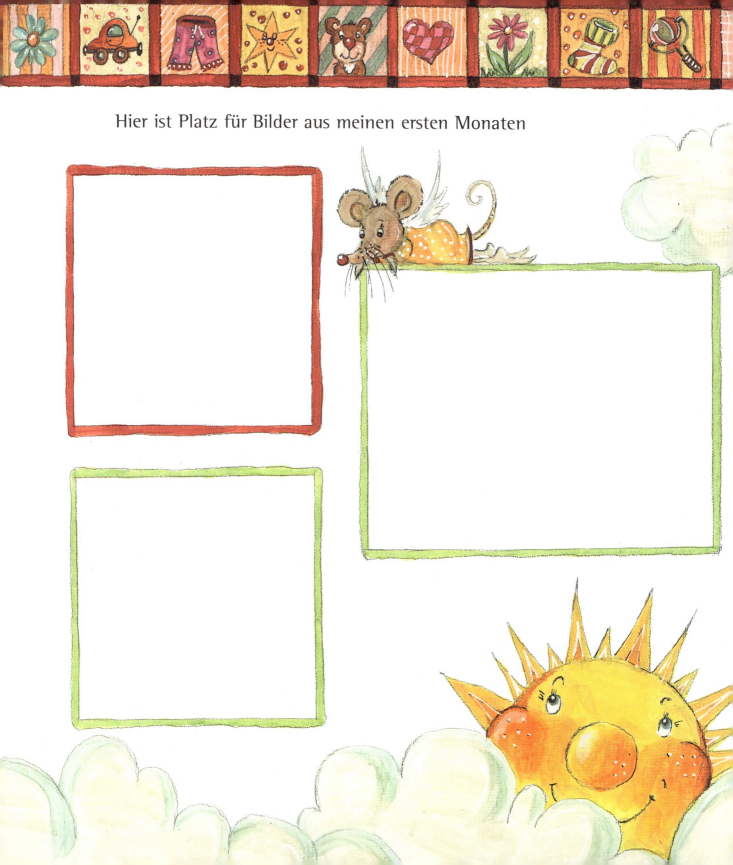

Hier ist Platz für Bilder aus meinen ersten Monaten

Schutzengel mein,
lass mich dir empfohlen sein.
Behüte mich bei Tag
und Nacht,
dass mir kein Leid
geschehen mag.

So groß sind meine Hände und Füße am ....

So klein ist meine Hand:

Hier mit Fingerfarbe
einen Abdruck machen

Das ist der Handabdruck
von meinem Schutzengel

So klein ist mein Fuß:

Hier mit Fingerfarbe
einen Abdruck machen

Meine Taufe

Ich wurde am ....

in   ....

von   ....

auf den Namen ....

.... getauft.

Meine Paten sind:

....

....

....

....

....

....

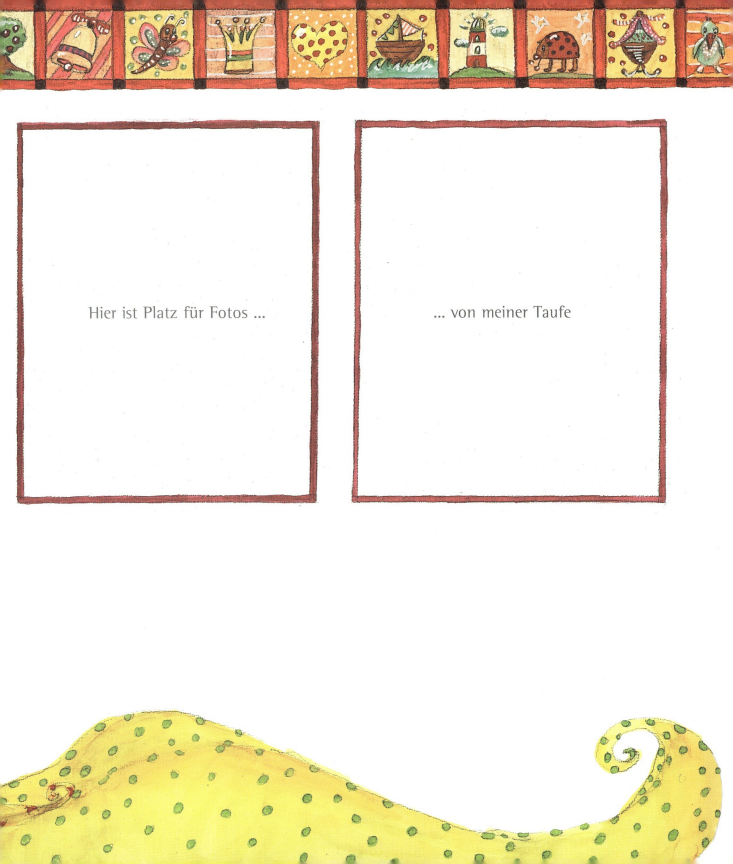

Hier ist Platz für Fotos ...

... von meiner Taufe

Fotos von meinen Taufpaten

Wir haben ein wunderschönes Fest gefeiert und

hier sind einige Eindrücke von diesem Tag festgehalten:

....

....

....

....

Zum ersten Mal ....

... im Kinderwagen gefahren am ....

... den Kopf gehalten am ....

... gelächelt am ....

... am Daumen gelutscht am ....

... einen Schnuller bekommen am ....

... nach einem Spielzeug gegriffen am ....

... gelacht am ....

und mein Schutzengel war immer dabei.

Es gab auch einige Situationen,

in denen mich mein Schutzengel beschützt hat:

....

....

....

....

....

....

....

....

....

....

....

Bis zum .... Monat bin ich gestillt worden.

Seit dem .... trinke ich aus der Flasche.

Am .... esse ich zum ersten Mal mit dem Löffelchen.

Besonders gerne mag ich .... und ....

Überhaupt nicht lecker finde ich ....

Wenn ich nicht essen mag,

dann klappt es meistens mit diesem Trick:

....

....

....

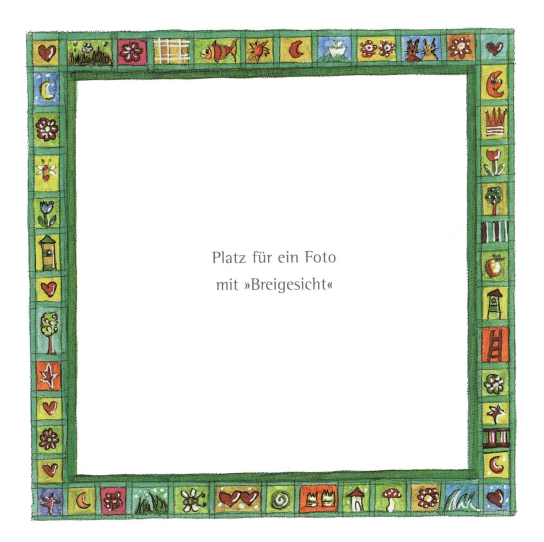

Platz für ein Foto

mit »Breigesicht«

Baden finde ich: ◯ toll   ◯ nicht so toll

Und natürlich kam mein liebstes Badespielzeug ....

mit in die Wanne:

Platz für ein
Plantschfoto

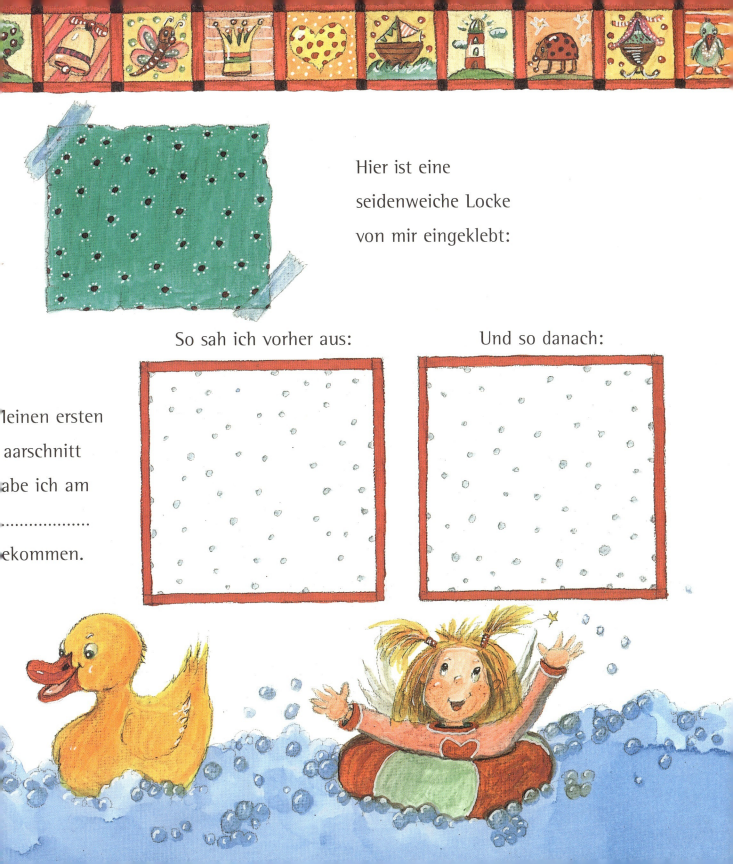

Hier ist eine

seidenweiche Locke

von mir eingeklebt:

So sah ich vorher aus: Und so danach:

Meinen ersten

Haarschnitt

habe ich am

....

bekommen.

Au Backe! Mein erster Milchzahn wird

am .... entdeckt.

Das gibt es über meine Zähne noch zu berichten.

....

....

....

....

Zum Glück hat mein lieber
Schutzengel mir den
größten Schmerz beim
Zahnen genommen.

Auf diesem Foto kann man mich

mit meinen ersten Zähnen sehen:

Damit ich gesund bleibe, gehen wir regelmäßig
zur Kinderärztin/zum Kinderarzt ....
in ....
Das waren meine Arzttermine: ....
Geimpft bin ich gegen: ....
....

Möge der Himmel dich bewahren
vor Gefahren, Schmerz und Pein.
Möge stets ein guter Engel
deines Lebens Hüter sein.

Diese Krankheiten hatte ich im ersten Jahr:

....

....

....

....

....

....

Heile, heile, Segen,
drei Tage Regen,
drei Tage Sonnenschein,
drei Tage Schnee,
tuts dem Kindlein nimmer weh!

Mein erster Besuch bei Oma und Opa.

Am .... besuchten wir die Eltern

von Mama in ....

Am .... besuchten
wir die Eltern von Papa in
....

Am .... habe ich zum

ersten Mal Mama gesagt.

Und am .... konnte ich Papa sagen.

Meine lustigsten Wortschöpfungen sind:

....

....

....

....

....

Was meine Eltern in Staunen versetzt:

....

....

....

Das sind meine Angewohnheiten:

....

....

....

Rituale, die ich ganz besonders gerne mag:

....

....

....

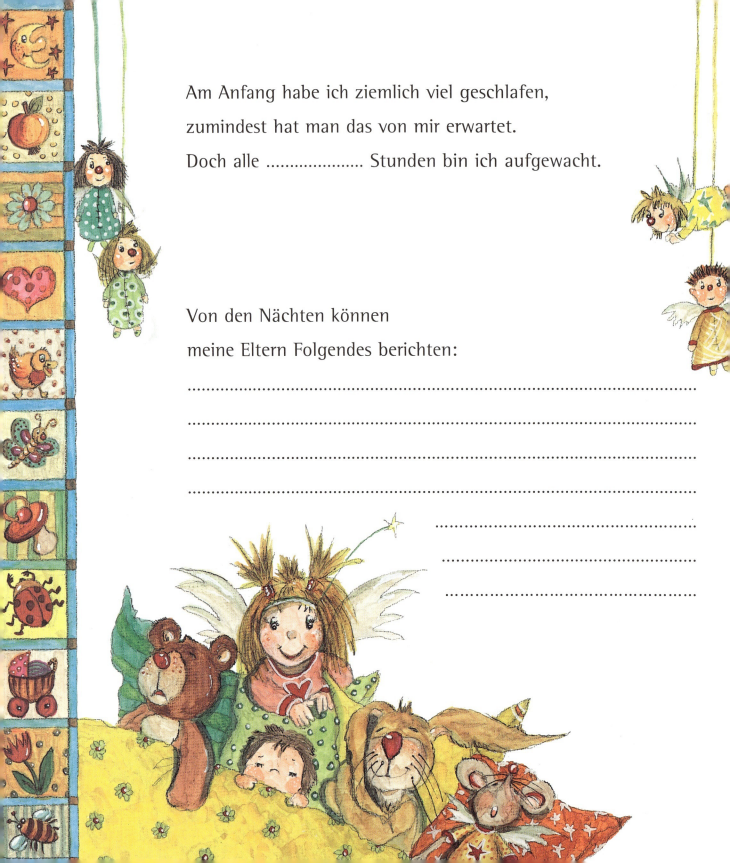

Am Anfang habe ich ziemlich viel geschlafen,

zumindest hat man das von mir erwartet.

Doch alle .... Stunden bin ich aufgewacht.

Von den Nächten können

meine Eltern Folgendes berichten:

....

....

....

....

....

....

....

Auch nachts ist mein Schutzengel immer bei mir, deshalb kann mir nichts passieren. Und Mama und Papa haben endlich etwas Zeit für sich.

Abends, wenn ich schlafen geh
vierzehn Engel bei mir stehen
zwei zu meiner Rechten,
zwei zu meiner Linken,
zwei zu meinen Häupten,
zwei zu meinen Füßen,
zwei, die mich decken,
zwei, die mich wecken,
zwei, die mich weisen,
ins Himmels Paradeisen.

Ausflüge mit meinen Eltern oder Großeltern
sind immer etwas ganz Besonderes.

Hier ist Platz für Fotos von einem
besonders schönen Tag.

Mein erster Geburtstag

Was für ein wunderschöner Tag!

Heute werde ich ein Jahr alt.

Zum Gratulieren sind gekommen: ....

....

Das habe ich geschenkt bekommen: ....

....

Das haben wir gemacht: ....

....

....

Platz für das schönste
Geburtstagsfoto

Advent

Das haben wir in der Adventszeit Besonderes gemacht:

....

....

....

....

Advent, Advent ein Lichtlein brennt. Erst eins, dann zwei, dann drei, dann vier. Dann steht das Christkind vor der Tür.

Platz für Fotos ...

... aus der Adventszeit

Mein erstes Weihnachten

Überall Kerzen und Lichter.

So feierten wir unser erstes Weihnachtsfest:

....

....

....

....

....

....

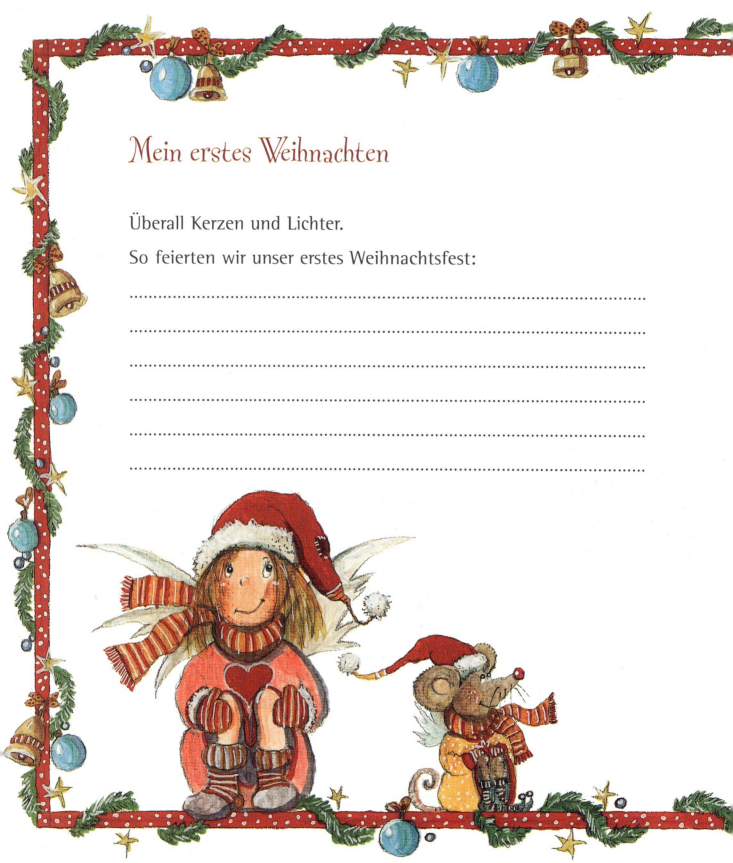

Platz für Fotos

Innerhalb eines Jahres
bin ich ganz schön groß geworden.
Hier zum Vergleich:

Mit vier Wochen

An meinem ersten Geburtstag

Was auch immer geschehen mag,
mein Schutzengel wird immer
bei mir sein und mit mir gehen.
Mich beschützen alle Tage
und mich begleiten durch alle
Stürme des Lebens.